AF309789

PRAIRIES
ET PELOUSES

INSTRUCTION SUR LA CRÉATION & L'ENTRETIEN DES PRAIRIES
ET DES PELOUSES

Suivie d'une Liste descriptive de toutes les plantes
pouvant entrer dans leur composition

PAR

RIVOIRE PÈRE & FILS

Membres de la Société des Agriculteurs de France, du Comice agricole
de Lyon, etc., etc.

Prix : 0,50 centimes

LYON

CHEZ RIVOIRE PÈRE & FILS

Horticulteurs, Marchands Grainiers
16, rue d'Algérie, 16

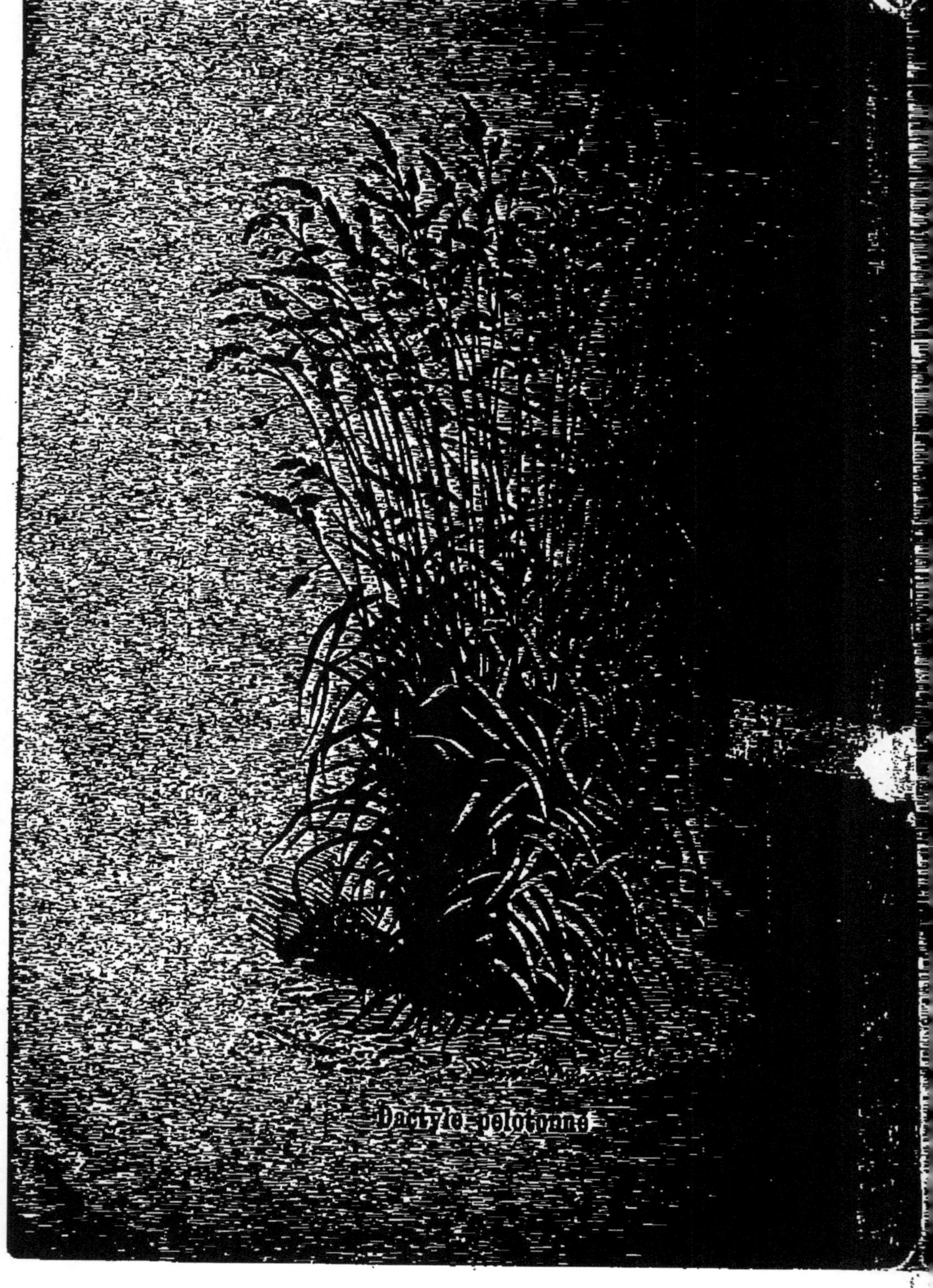
Dactyle pelotonné

PRAIRIES & PELOUSES

Choix du terrain

Le choix du terrain que l'on destine à être ensemencé en prairie est certainement important, mais pas autant que pour beaucoup d'autres cultures.

La vigne, le blé, la betterave ne viennent ni dans tous les sols, ni à toutes les expositions ; à la première, il faut la chaleur, au second la richesse, à la troisième la profondeur.

Un pré ou une pelouse peuvent, au contraire, être établis aussi bien au sommet d'une montagne qu'au fond d'une vallée ; aussi bien sur le flanc d'un coteau exposé au nord que sur le flanc d'un autre coteau exposé au midi.

Quant à la nature du sol, on doit aussi assez peu s'en soucier : nous ne craignons nullement d'affirmer qu'avec une préparation suffisante et un choix intelligent des semences, on puisse créer une prairie dans presque tous les terrains.

Nous ne voulons pourtant point dire que

dans tous les terrains le produit sera le même. Loin de là., Nous reconnaissons même qu'il pourra être fort différent; mais, en ce moment, nous ne parlons qu'au point de vue de la réussite de l'ensemencement.

Si pourtant l'on désire connaître quel est le *summum* des conditions dans lesquelles un pré doit être établi pour rapporter le plus, nous dirons :

1° Il faut que le terrain soit plutôt argileux que siliceux, calcaire ou granitique, c'est-à-dire qu'une terre un peu forte vaut mieux qu'une terre légère, mais à la condition cependant qu'elle sera suffisamment perméable, ou, si l'on préfère, qu'elle laissera assez facilement passer l'eau de pluie ou d'arrosage ;

2° Il faut que ce sol soit légèrement frais et situé sous un climat pas trop sec.

C'est parce que cette condition se trouve suffisamment remplie qu'on voit de si jolies prairies dans les vallons situés à une altitude un peu élevée.

A une certaine hauteur, en effet, la température moyenne diminue, la clarté augmente, l'humidité s'accroît pendant la nuit, les pluies deviennent plus fréquentes et plus fines.

Les prés situés le long des grands cours d'eau sont aussi très productifs; cela tient aux brouillards que les fleuves et les rivières engendrent, et qui entretiennent dans toute la région une bienfaisante humidité.

3° Il faut que le sol puisse être arrosé par une eau suffisamment chargée de matières utiles. Les eaux ayant traversé un village ou sortant d'une ferme, ainsi que les eaux pures dans lesquelles peut végéter le cresson de fontaine, sont les meilleures.

Mais nous répétons que ces conditions ne sont indiquées que parce que, en toutes choses, on doit toujours chercher à atteindre, autant que possible, la perfection, mais qu'elles ne sont nullement exigibles. On peut presque partout créer des prairies, sauf dans les trop mauvais sols, et encore a-t on souvent avantage à transformer ceux-ci en pâturages.

Préparation du terrain

Après la composition des mélanges de graines,

la question de la préparation du sol est la plus importante que l'on ait à étudier.

Dans certains pays, et notamment dans la région lyonnaise, on a le tort de ne pas tenir assez compte de cette récommandation.

La première préoccupation que l'on doit avoir est de bien purger le sol de toutes les mauvaises herbes dont il est infesté.

Sans cette précaution essentielle, on s'exposerait à n'avoir qu'un pré formé d'herbes mauvaises et nuisibles qui feraient beaucoup de tort au fourrage, et qu'il deviendrait bien difficile d'extirper plus tard.

A cet effet, on le cultive pendant une année au moins de telle manière que l'on soit souvent obligé de le sarcler et de le biner. La culture des pommes de terre, des betteraves ou des haricots doit être particulièrement recommandée en pareil cas.

La jachère serait bien plus efficace encore que la culture sarclée, à la condition toutefois que le terrain soit assez souvent nettoyé. Mais aujourd'hui, les charges de l'agriculture sont telles qu'il est impossible de la pratiquer. On

Brôme des prés

doit faire rendre au sol le maximum et cela sans aucune interruption.

A chaque labour on fume copieusement, car on doit bien se pénétrer de cette idée qu'il sera impossible, par la suite, d'enfouir les engrais ; il faut donc prendre ses précautions à l'avance et de pas ménager le fumier.

On pourra bien, il est vrai, parer à cet inconvénient en fumant superficiellement ; mais, quoique donnant d'excellents résultats, ces engrais ne vaudront jamais ceux qui auront été enterrés à l'avance.

Chaque fois que l'on travaille la terre, on doit soigneusement recueillir les racines des mauvaises herbes, les mettre en tas et les brûler.

C'est une erreur de croire qu'il suffit de les exposer au soleil, en les laissant sur terre, pour les rendre inoffensives.

L'expérience a prouvé qu'il fallait souvent un fort long espace de temps pour arriver à dessécher suffisamment une racine pour qu'elle ne puisse plus repousser.

Si, avant cette époque, il arrive un orage ou seulement une forte pluie, ces racines se retrouvent enveloppées de terre, reprennent vie, et le travail fait est complètement perdu.

C'est une autre erreur de croire qu'en labourant assez profond et en enterrant ces mêmes plantes, on s'en débarrasse. Certaines plantes poussent quand même et sont ensuite bien p'us difficiles à détruire, en raison de la profondeur de laquelle elles viennent; d'autres se conservent, sont ramenées ensuite plus près de la surface et végètent de nouveau.

Par l'incinération, au contraire, ce n'est plus à craindre.

Cette recommandation s'applique surtout aux plantes bulbeuses.

On doit avoir soin de bien niveler le sol qui doit être ensemencé.

Nous considérons cette recommandation comme importante au point que nous irons jusqu'à dire que l'on ne devrait pas labourer avec les charrues ordinaires, afin d'éviter l'établissement des sillons qui persistent toujours malgré la herse.

On doit, au contraire, labourer à plat, soit avec les instruments à main, soit avec des charrues spéciales.

Lorsque le sol présente des inégalités, il arrive que la faulx ne peut pas couper les tiges assez près du collet, ce qui est d'abord une perte de fourrage, et ensuite nuisible à la plante.

Les terres légères peuvent être labourées à toute époque parce qu'elles se divisent toujours bien et sont, par suite, toujours aptes à recevoir les semis. Mais lorsqu'on a affaire à des terres fortes, il est préférable de les travailler avant l'hiver. Sous l'action du froid, la surface se pulvérise; au printemps on laboure de nouveau, mais moins profondément, on herse soigneuse nent et la terre est alors bien propice à recevoir les graines.

On doit labourer immédiatement une terre qui vient de donner une récolte de céréales et qu'on veut ensemencer en prairie à l'automne suivant. Par ce moyen, les graines restées à la surface seront toutes enterrées; quelques semaines après, elles auront toutes germé et on pourra plus sûrement en opérer la destruction.

Il arrive très fréquemment, lorsqu'on a été obligé de faire de grands travaux de nivellement, qu'à certaines places le semis ne réussit pas. Cela vient de ce que, dans ces endroits, on a enlevé toute la couche de terre végétale, ne laissant à découvert que celle qui était restée enfouie, pendant des années et des années, à l'abri de toute influence atmosphérique. Cette terre ne possède aucune des qualités nécessaires pour faire germer les graines et pour leur fournir la nourriture qu'elles demandent.

Dans ce cas, il faut laisser plusieurs mois ces parties de terrain sans être semées et les retourner souvent par de bons labours.

Composition des mélanges de graines

La composition des mélanges de graines est la plus importante des questions que l'on ait à étudier.

On ne saurait trop le répéter, et l'on peut affirmer que, lorsqu'on tient bien compte de toutes les conditions, soit terrestres, soit climatologiques dans lesquelles se trouvent les terrains que l'on veut ensemencer, il n'y en a que fort peu qui soient tellement rebelles que l'on ne puisse parvenir à y créer une prairie, ou tout au moins un pâturage.

Dans la composition des mélanges, beaucoup de raisons sont à examiner :

A-t-on un sol léger et frais ? Presque toutes les graminées y viendront parfaitement.

A-t-on, au contraire, un sol léger et sablonneux ? Il faut alors choisir des plantes résistant bien à la sécheresse, telle que le Brôme des prés, etc.

Le sol est-il médiocre, même plutôt mauvais que bon ? Adressons-nous aux espèces rustiques, comme la Fétuque ovine, etc.

Est-ce un sol tout à fait mauvais et très sec ? Ne craignons pas d'ajouter au mélange une forte dose de Trèfle blanc.

L'exposition est-elle au nord ! Le sol est-il ombragé ! Sa situation le rend-elle froid ? Est-il de nature calcaire, argileuse ou granitique ? Est-il à une grande altitude ou situé dans un bas fond ? Est-il sec ou humide ? Sera-t-il arrosé ? Autant de questions dont il faut tenir compte et qui modifient les mélanges.

De plus, certaines plantes sont annuelles ou

bisannuelles alors que d'autres sont vivaces. En général, l'on emploie les premières qui germent très vite à faire de la verdure b aucoup plus tôt que les autres ; de plus, comme il y en a dans les dernières qui sont assez délicates à germer, — et qui, trop peu vigou- reuses la première année pour garnir le sol, le laisseraient envahir par des mauvaises herbes, — les plantes annuelles les protègent de leur ombre et leur procurent la fraîcheur qui leur est nécessaire, puis disparais ent peu à peu, au fur et à mesure que leurs protégées deviennent assez fortes, à leur tour, pour prendre leur place et se passer d'elles.

Mais, dans ce cas, il est extrêmement important de bien choisir les plantes que l'on veut employer et d'en bien calculer les proportions, afin : 1° de ne pas faire occuper aux plantes annuelles plus de place que ne pourront en prendre les plantes vivaces lorsque les premiè- res disparaîtront ; 2° de ne pas en mettre de trop vigoureuses qui prendraient trop de développe- ment et, au lieu de conserver les espèces viva- ces, les étoufferaient faisant ensuite de larges vides lorsqu'elles disparaîtraient; vides qui seraient d'abord envahis par les mauvaises herbes et ne tarderaient pas à former un fort vilain pré ne donnant plus qu'un très mauvais fourrage.

L'époque de maturation des plantes est aussi bien à considérer. On comprendra aisément que des plantes venant très vite et passant de même, ne doivent pas être associées à d'autres poussant lentement et mûrissant tard, sous peine de perdre une notable partie de la récolte et de compromettre même la qualité du fourrage.

Par ce simple exposé, on peut se rendre compte qu'il n'est pas aussi aisé de composer soi-même des mélanges de graines que certains écrivains le disent et que certains journaux le répètent si souvent. A plus forte raison encore, doit-on se méfier de ces formules uniques adoptées pour toute une région malgré la diversité de sols et d'expositions dont elle est composée.

Il faut, au contraire, pour arriver à composer judicieusement une formule, un réel savoir joint à une grande pratique.

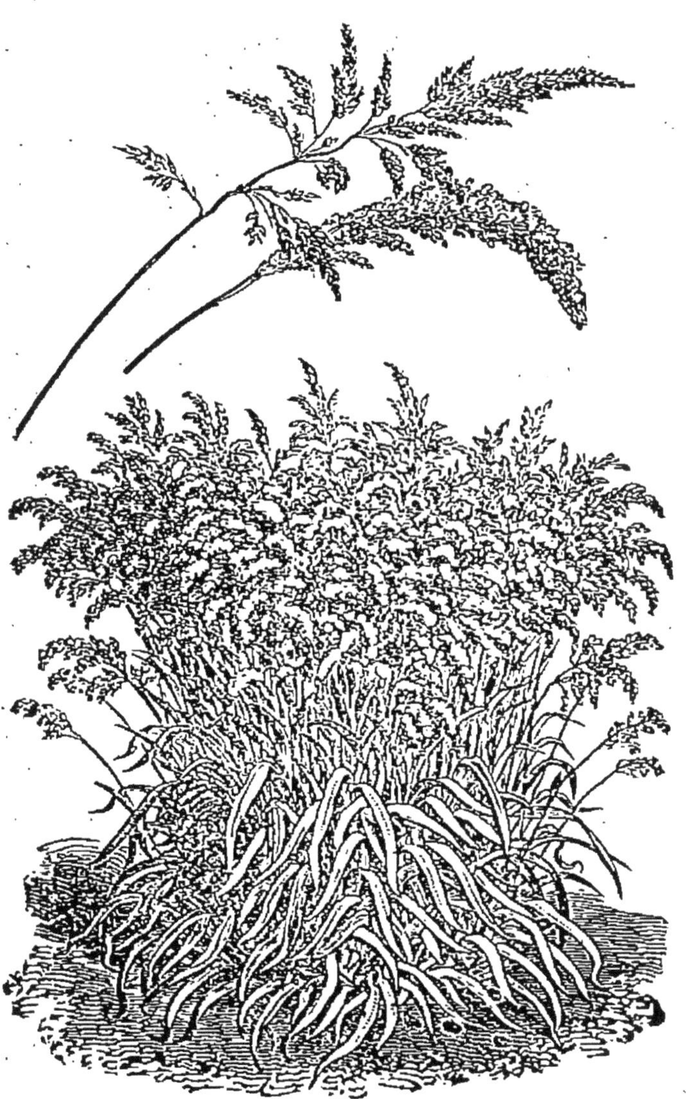

Houque laineuse

Pour aider autant qu'il est en notre pouvoir à la diffusion de cette science et faciliter autant que possible les personnes qui tiennent à choisir elles-mêmes les éléments dont elles veulent composer leurs mélanges, nous donnons plus loin des listes où chaque plante est classée dans la catégorie qui lui convient le mieux.

Le degré de pureté des graines varie considérablement pour chaque espèce, et c'est à lui que l'on doit attribuer cette grande variation de prix que l'on trouve dans le commerce, suivant que les maisons sont plus ou moins sérieuses. *Nous appelons tout spécialement l'attention des acheteurs là-dessus.* Pour justifier notre dire, nous donnons ci-après les prix qu'ont valu cette année les diverses qualités de deux articles : le *Pâturin des prés* et le *Dactyle pelotonné* ; on se rendra compte par ce tableau, des différences que l'on obtient selon la qualité des graines :

Pâturin des prés, par 100 kilos : 105 fr., 115 fr., 125 fr. 150 fr., et 180 fr.

Dactyle pelotonné : 110 fr., 125 fr., 135 fr., 140 fr., 145 fr. et 205 fr.

Il nous serait facile de pousser les exemples plus loin ; ces deux suffiront pour mettre les agriculteurs en garde contre les catalogues bon marché.

Il ne faut pas croire que ce soit une économie de prendre les dernières qualités de marchandises, car là ou 50 kilogs de Pâturin des prés à 180 fr. vous suffiront, vous pouvez largement compter qu'il en faudra 100 kil. de celui à 105 fr. pour produire le même effet ; ce dernier vous reviendra donc beaucoup plus cher.

De plus encore, combien de risques ne courez-vous pas que ces impuretés, — qui font que les qualités inférieures sont moins chères, — ne soient composées de mauvaises graines qui infesteront votre prairie ?

En tout, — c'est un axiome commercial, — le plus cher c'est encore le bon marché.

C'est pour ces raisons que, après beaucoup d'agriculteurs distingués, nous conseillerons de ne pas employer les GRAINES DE GRANGE, c'est-à-dire les débris des granges et des fenils que, dans quelques pays, ou appelle aussi *poussier de foin.*

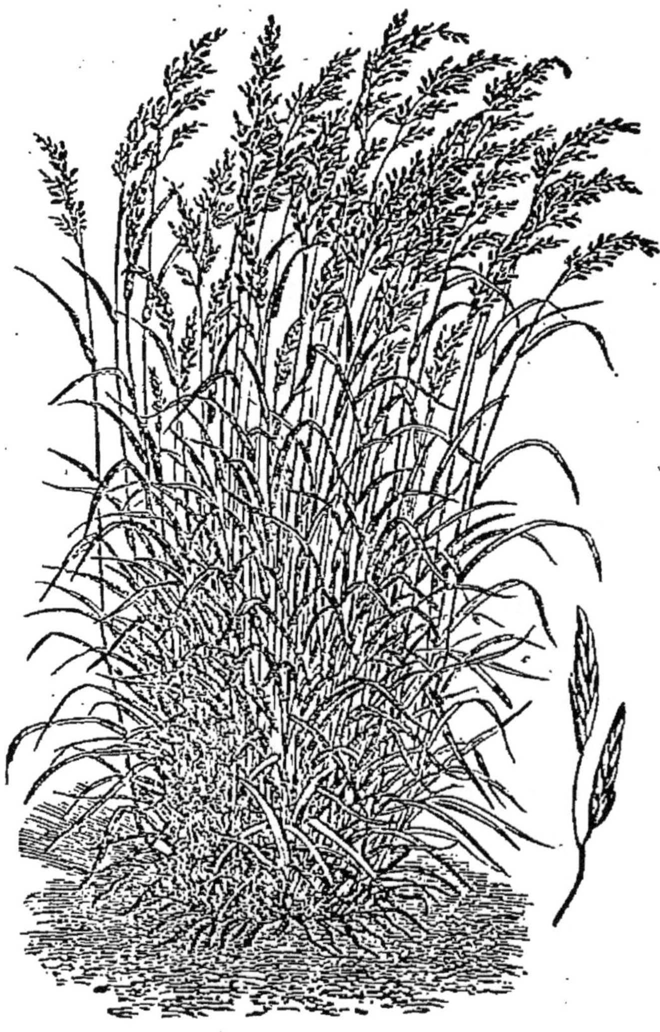

Fétuque des prés

Ces mélanges ont plusieurs défauts ; dont voici les principaux :

1° Une bonne moitié n'est composée que de poussière et de débris de foin qui, naturellement, n'ont aucune qualité germinative et obligent à en employer d'énormes quantités (de 500 à 800 kilogs par hectare) et qui, en augmentant le transport et la main-d'œuvre, augmentent, par cela même, les frais d'une manière notable.

2° Lorsqu'on fauche les foins, la plupart des graines ne sont pas mûres ; elles sont forcées d'achever de mûrir dans les granges, — quand toutefois elles peuvent y parvenir, — et celles qui y parviennent n'ont pas du tout les qualités qu'exige une graine pour être complète, et dont la première est d'avoir mûri parfaitement à terme. Elles ne peuvent donc pas donner les sujets vigoureux que l'on est en droit d'exiger ; elles ne peuvent fournir, au contraire, que des sujets malingres et chétifs, se laissant promptement envahir par un parasite ou une mauvaise herbe quelconque.

D'autres, par contre, sont déjà tombées ; sur celles-ci, il ne faut donc point compter non plus.

3° Dans les prairies comme partout ailleurs, ce sont toujours les mauvaises herbes qui grainent le plus ; il arrive, par conséquent, que ces mélanges sont formés, en très grande partie, des herbes les plus nuisibles et que, dès le commencement de la germination, l'on a une prairie entièrement infestée que l'on est obligé de détruire peu de temps après l'avoir créée.

Ces trois raisons démontrent surabondamment qu'il vaut infiniment mieux se procurer, dès le commencement, un bon mélange de composition sûre dont on n'aura plus tard qu'à se féliciter, au lieu de ces mélanges de graines de grange qui ne procurent souvent que des ruineuses déceptions.

Semis

Les prairies se sèment au printemps et à l'automne, mais laquelle de ces deux époques est la préférable ?

Les avis sont très partagés sur ce sujet; beaucoup préfèrent le printemps, un grand nombre choisissent l'automne.

En semant au printemps, disent les uns, la réussite de la germination est plus certaine; la terre après avoir subi les intempéries de l'hiver est neuve, meuble; elle a reçu tous les engrais contenus dans les pluies et dans les neiges; le sol s'effritant bien est plus propice pour recevoir la semence; la terre est encore fraîche et, sous l'influence de la chaleur naissante et de l'humidité du sol, la germination est assurée : si au contraire vous semez à l'automne, vous ne pouvez le faire que dans un sol brûlé par les fortes chaleurs de l'été et très défectueux.

En semant à l'automne, disent les autres, le sol, en effet, est brûlé, mais c'est le moment des nuits fraîches et les pluies deviennent fréquentes. Les jeunes plantes, résistant parfaitement à l'hiver, sont suffisamment fortes pour affronter les grandes sécheresses qu'amène souvent l'été; lorsqu'on sème au printemps, les plantes sont encore trop jeunes pour y résister.

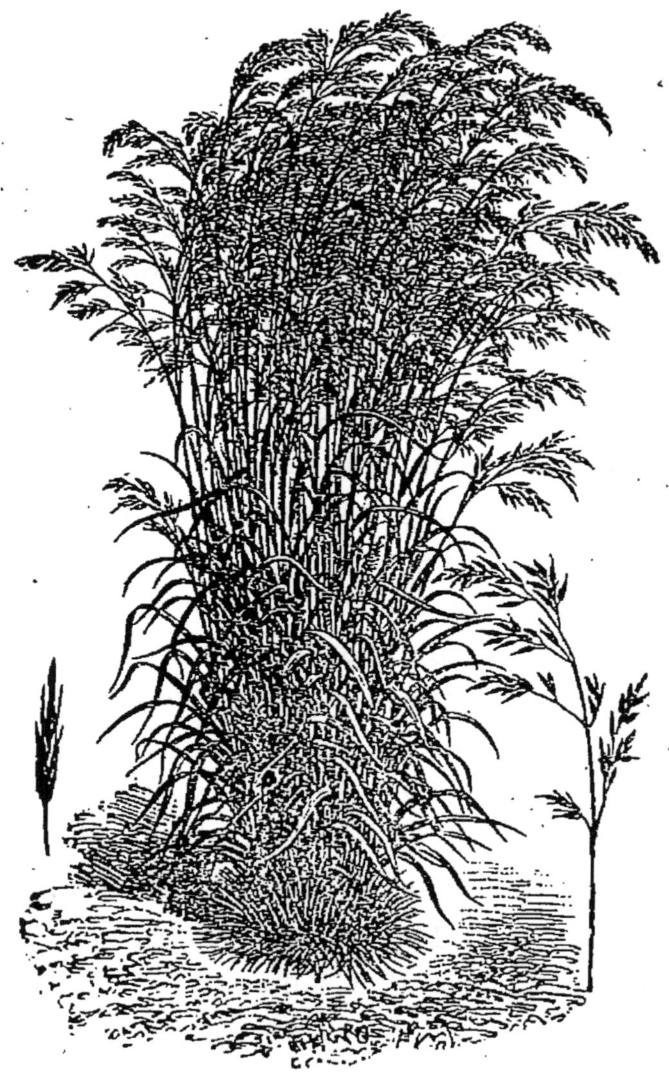

Fétuque hétérophylle

Les uns et les autres ont raison, selon nous ; qu'on sème au printemps ou à l'automne, il y a des avantages et des inconvénients ; les uns et les autres se balancent à peu près et nous croyons que, dans ce cas, il vaut beaucoup mieux semer quand le terrain est prêt, que ce soit printemps ou automne, sans repousser les semis de plusieurs mois pour attendre l'un ou l'autre et laisser son terrain inoccupé, ce qui est toujours un grand inconvénient.

. Les graines sont toujours répandues à la volée, le plus également possible ; mais on doit herser et rouler.

Entretien des prairies

L'entretien des prairies ne se compose que de deux parties, mais essentielles :

L'engraissement et la destruction des mauvaises herbes.

Nous sommes obligés de constater que, dans toute la région lyonnaise, on a la mauvaise habitude de ne pas fumer les prés.

Pénétrés de cette idée que la prairie est une culture améliorante, c'est-à-dire qui enrichit la terre, les cultivateurs prétendent qu'il est inutile de la fumer puisqu'elle se fume toute seule.

Cette opinion est même si fortement ancrée dans les campagnes que tel cultivateur, qui aura plus de fumier qu'il ne lui en faut pour engraisser ses cultures de racines ou de céréales, préférera le vendre plutôt que de l'étendre sur son pré.

Les cultivateurs soutiennent cette hérésie tout comme les bouchers soutiennent que les os font du bon bouillon parce que, aux uns et aux autres, cette croyance sert ce qu'ils croient être leurs intérêts.

Il y a du vrai, nous en convenons; les tiges et les feuilles des graminées et légumineuses absorbent, comme toutes les autres plantes, certains principes essentiels de l'atmosphère et les fixent dans le sol.

Mais, si importante que soit cette production économique, elle est bien loin de compenser la perte provenant du fauchage et de l'enlèvement de la récolte, et il en résultera forcément, si l'on n'y rémédie, un épuisement rapide du sol

et, par suite, une diminution non moins importante dans la production du foin.

Le fumier à demi consommé est le meilleur
des engrais.

Le purin, les eaux de ferme et d'égoût sont
aussi des engrais tout à fait recommandables,
mais un peu difficiles à employer.

Les cendres de bois, les cendres de houille,
la suie, la chaux, les platras de démolition
produisent de bons effets.

Les engrais chimiques bien employés sont
excellents.

Les engrais organiques pulvérulents, tels
que le guano du Pérou, la poudrette, la colom-
bine sont tout à fait à recommander et produisent des résultats merveilleux.

Ces engrais doivent s'employer de préférence
au printemps, en février, mars et avril, sauf le
fumier qui doit être employé en automne et
râtelé au printemps suivant.

Les compots doivent être aussi particulièrement recommandés, surtout à cause de ce qu'ils
sont faciles à fabriquer, sans aucun frais, et à
la portée de tout le monde.

Voici le moyen de les produire :

Les vases d'étangs et de pièces d'eau, les curures de fossés, les râclures des routes, les cendres, les balayures, les détritus de légumes, les feuilles, les mauvaises herbes qu'on a arrachées, les débris de toutes sortes, enfin, sont accumulés en un seul tas.

On laisse ce tas plusieurs mois en se contentant de le brasser à la pelle une ou deux fois et, l'hiver, on le répand sur les prairies, où il produit une action remarquable, sans avoir rien dépensé pour sa confection.

Un savant agriculteur du département de l'Ain, M. Berthelon, recommande, lorsqu'on brasse le terreau, de le disposer en tas pas trop hauts et beaucoup plus longs que larges ; puis, d'ouvrir, au sommet, un fossé qui en occupe toute la longueur et dans lequel on verse des pierres de chaux.

Ce procédé nous paraît digne d'être recommandé car, en outre de la valeur de la chaux considérée comme engrais, elle a encore le mérite de beaucoup activer la décomposition des matières végétales.

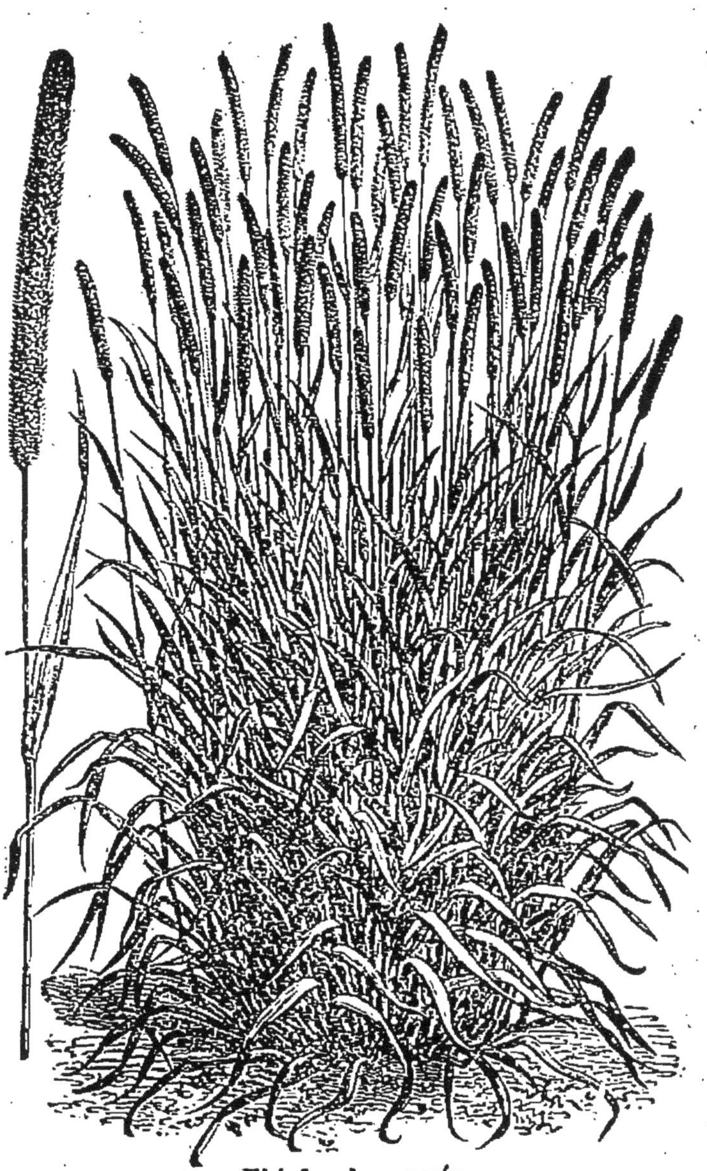

Fléole des prés

Les prairies trop humides doivent être drainées au moyen de rigoles garnies soit d'un tuyau de drain, soit tout simplement de cailloux. Ces rigoles sont disposées de façon à recueillir les eaux en excès et les conduire hors du pré.

La plupart des mauvaises herbes, la mousse notamment, disparaissent lorsqu'on fume suffisamment; mais pour celles dont la vie est très dure, telles que les carottes sauvages, le panais, les patiences, l'oseille, le plantain, le pissenlit, etc., on doit les extirper à la main ou au piochon et, mieux encore, les empêcher de fleurir et de grainer.

L'enlèvement des feuilles tombées des arbres et des haies a aussi une importance que l'on ne considère pas assez.

On remarque toujours dans un pré, une différence assez sensible entre les parties qui se couvrent chaque année de feuilles et celles qui restent toujours à découvert.

L'explication de ce fait est facile.

D'abord, les pluies d'hiver et la neige collent assez fortement les feuilles sur les plantes, ce qui nuit à leur développement lorsque vient la poussée et peut même les étouffer et, par suite, produire des vides.

Ensuite, en se décomposant, les feuilles produisent un terreau acide plutôt nuisible qu'utile à la croissance des légumineuses.

Les feuilles les plus nuisibles aux prairies sont celles du chêne, du peuplier, du châtaignier, du hêtre et du noisetier.

Celles de l'accacia et du saule sont si étroites qu'elles ne peuvent produire grand dommage.

A l'automne, on devrait donc râteler les prés en profitant d'un jour que les feuilles sont bien sèches, les réunir en tas et les enlever; on peut les utiliser comme litière ou pour la confection des composts dont nous avons parlé tout à l'heure.

LISTE DES PLANTES

Pouvant entrer dans les compositions pour prairies, pelouses et pâturages.

Agrostis traçante. — Agrostis stolonifera

Synonymes : Agrostis blanche. — Fiorin. — Trainasse

Graminée. Plante vivace, traînante et tardive. Très employée pour les prairies basses et dans les terrains froids, compacts et humides, pourvu que l'eau n'y séjourne pas ; dans ces conditions, la production est tardive mais abondante. *Foin* fin et d'assez bonne qualité. Eviter de la mettre dans les terrains secs où elle envahirait tout sans que, poussant très peu, on puisse la faucher.

Hauteur 30 à 40 centimètres ; *floraison* en juillet.

On en sème 10 kilos par hectare.

Agrostis vulgaire. — Agrostis vulgaris

Synonyme : Agrostis commune

Graminée. Plante vivace. Dans les prairies

fraîches ou arrosées, elle donne un *fourrage* assez abondant, fin et de bonne qualité. Dans les terrains secs, elle produit peu, mais gazonne bien le terrain. Un peu tardive. Réussit bien à l'ombre ; convient, selon le sol, pour prairie à faucher, à pâturer, ou pour gazon.

Hauteur de 10 à 40 centimètres, selon le terrain ; *floraison* en juillet-août.

On en sème 10 kilos par hectare.

Avoine élevée. — Avena elatior

Synonyme : Arrhénatère élevée. — Fromental-Fenasse

Graminée. Plante vivace venant bien dans tous les terrains, excepté dans ceux qui seraient trop humides ; hâtive et très productive, surtout dans les prairies irriguées ; résiste bien à la sécheresse. *Foin* de qualité moyenne et un peu grossier ; il faut le faucher avant qu'il soit trop en fleur, parce qu'il sèche rapidement sur pied

Hauteur de 80 centimètres à 1 m. 20 ; *floraison* en juin-juillet.

On en sème 100 kilos par hectare.

Avoine jaunâtre. — Avena flavescens.

Synonyme : Trisetum flavescens. — Avoine dorée.

Graminée. Plante vivace, hâtive, venant très bien dans les terrains secs, calcaires et sablonneux, et produisant beaucoup dans les terrains frais. *Foin* fin, assez abondant et d'excellente qualité. En pâturage, cette plante est recherchée par le bétail.

Hauteur de 60 à 80 centimètres ; *floraison* en mai-juillet.

On la sème à raison de 40 kilos par hectare.

Brôme des prés. — Bromus pratensis

Synonyme : Brôme dressé

Graminée. Plante vivace et précoce. Vient dans tous les terrains, excepté dans ceux qui sont trop humides ; mais elle préfère les sols calcaires, sablonneux ou granitiques. Elle gazonne bien le sol et repousse aisément après avoir été coupée. *Foin* un peu gros, de qualité assez bonne à condition qu'il soit coupé de bonne heure. Si on le fauche trop tard, ses barbes deviennent longues et rudes et, en se fixant dans les gencives ou au palais des animaux qui le mangent, les incommodent souvent. Excellente plante très employée.

Hauteur de 50 centimètres à un mètre, *floraison* en mai-juin.

On sème à raison de 60 kilos par hectare.

Brôme doux. — Bromus mollis

Synonymes : Brôme mou. — Brôme mollet

Graminée. Plante annuelle ou bisannuelle, bonne à employer dans les terrains pauvres, secs ou calcaires ; peu gazonnante. *Foin* précoce, de qualité médiocre et peu abondant ; doit être coupé jeune.

Hauteur de 40 à 70 centimètres ; *floraison* en juin-juillet.

On en sème de 60 à 70 kilos par hectare.

Canche élevée. — Aira cæspitosa

Synonymes : Canche touffue. — Canche gazonnante

Graminée. Plante vivace formant de larges touffes, et aimant les sols frais ou ombragés ; peu productive mais très nutritive à l'état vert.

Foin dur et de médiocre qualité. Ne s'emploie que pour garnir les sous-bois.

Hauteur 80 centim. à 1 mètre; *floraison* en juin-juillet.

On en sème 40 kilos à l'hectare.

Canche flexueuse. — Aira flexuosa

Synonyme : Canche de montagne

Graminée. Plante vivace convenant aux mauvais sols, secs, sablonneux, calcaires et élevés. Venant aussi bien sous bois. *Foin* précoce, mais dur et de qualité médiocre.

Hauteur de 50 à 60 centimètres; *floraison* en mai-juillet.

On la sème à raison de 40 kilos par hectare.

Crételle des prés. — Cynosurus cristatus

Synonymes : Cynosure à crêtes. — Crételle en crête

Graminée. Plante vivace ne craignant ni la sécheresse ni la fraîcheur, pourvu que l'eau ne soit pas stagnante. Demi-hâtive. *Foin* peu abondant, mais fin et d'excellente qualité; il ne doit pas être fauché trop tard. Une des meilleures plantes à employer, soit dans les compo-

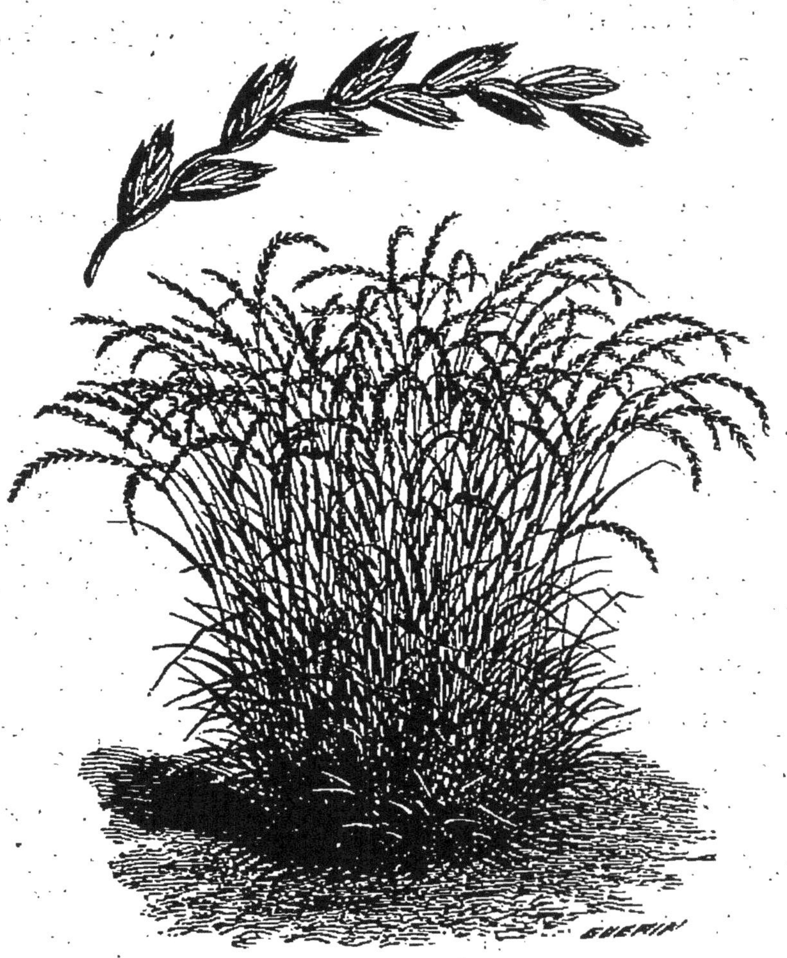

Ray-grass anglais

sitions pour prairie, soit pour former de beaux gazons.

Hauteur de 50 à 70 centimètres; *floraison* en juin-juillet.

On en sème 25 kilos par hectare.

Dactyle pelotonné. — Dactylis glomerata

Synonyme : Dactyle aggloméré

Graminée. Plante vivace végétant avec vigueur dans tous les terrains, pourvu qu'ils ne soient ni trop secs, ni trop humides; elle repousse facilement après avoir été coupée et doit être fauchée de bonne heure. *Foin* gros, mais très abondant et de très bonne qualité. Doit faire partie de tous les mélanges; résiste même assez bien à l'ombre.

Hauteur de 80 centimètres à 1 mètre; *floraison* de juin à septembre.

On en sème 40 kilos à l'hectare.

Fétuque élevée. — Festuca elatior

Graminée. Plante vivace un peu tardive, mais poussant vigoureusement dans les prairies fraîches et fertiles ; très rustique, excellente à l'état vert. *Foin* un peu gros, mais très abondant et de très bonne qualité.

Hauteur de 50 à 80 centimètres ; *floraison* en juin-juillet.

On en sème 50 kilos par hectare.

Fétuque des prés. — Festuca pratensis

Graminée. Plante vivace se plaisant dans les prés argileux et frais ; elle ne craint même pas un peu d'humidité. Très robuste, elle produit beaucoup et végète jusqu'aux gelées. *Foin* un peu gros, mais de qualité parfaite et très estimé. Eviter de faucher tardivement.

Hauteur de 50 à 80 centimètres ; *floraison* en juin-juillet.

On en sème 50 kilos par hectare.

Fétuque durette. — Festuca duriuscula

Synonyme : Fétuque dure

Graminée. Plante vivace et hâtive, résistant parfaitement bien à la sécheresse et, par suite, beaucoup employée dans les prés secs et élevés, et dans les sols arides. Elle ne produit pas énormément, mais son *foin* est de bonne qualité. Recommandée pour former les prairies, les pâturages et les gazons.

Hauteur de 30 à 40 centimètres ; *floraison* en mai-juin.

On en sème de 30 à 40 kilos par hectare.

Fétuque hétérophylle. — Festuca heterophylla

Graminée. Plante vivace et assez hâtive, se plaisant dans tous les terrains frais ou secs, ombragés ou au soleil. *Foin* un peu gros, mais de bonne qualité.

Hauteur 50 à 70 centimètres ; *floraison* juin-juillet.

On en sème de 30 à 40 kilos par hectare.

Fétuque ovine. — Festuca ovina

Synonyme : Fétuque des brebis. — Coquiole. — Poil de chien

Graminée. Plante vivace et hâtive croissant par touffes épaisses et peu élevées, végétant même pendant l'hiver. Beaucoup employée pour la création des pâturages ; les moutons la recherchent particulièrement. *Foin* fin, mais peu abondant.

Hauteur de 10 à 30 centimètres ; *floraison* en mai-juin.

On en sème de 30 à 40 kilos par hectare.

Fétuque rouge. — Festuca rubra

Synonyme : Fétuque traçante

Graminée. Plante vivace formant un excellent pâturage dans les sols secs, légers et sablonneux, où elle résiste parfaitement ; elle devient bien fauchable et productive dans les terrains frais. *Foin* fin et de bonne qualité.

Hauteur de 30 à 50 centimètres ; *floraison* en mai-juin.

On en sème 30 kilos par hectare.

Fléole des prés. — Phleum pratense

Synonymes : Timothy. — Phléole. — Timothée. — Massette

Graminée. Plante vivace et hâtive aimant les sols frais et de bonne qualité. Elle convient particulièrement pour être employée dans les terrains humides ayant été assainis par le drainage. *Foin* un peu gros et un peu dur, mais de bonne qualité et demandant à être coupé de bonne heure.

Hauteur de 60 à 90 centimètres; *floraison* en mai-juillet.

On en sème 10 kilos par hectare.

Flouve odorante. — Anthoxantum odoratum

Graminée. Plante vivace et très hâtive, aimant les sols sains, légers et secs, et végétant par petites touffes. Le *produit* qu'elle donne est peu nutritif et peu abondant, mais il parfume agréablement le foin et lui donne cette odeur balsamique qui le fait rechercher par les bestiaux.

Hauteur 50 à 60 centimètres; *floraison* en mai-juillet.

On en sème 40 kilos à l'hectare.

Sous le nom de *Flouve odorante de Puel* on en vend aussi une espèce dont la graine est bien moins chère, mais qui ne dure qu'un an.

Houque laineuse. — Holcus lanatus

Synonymes : Avoine laineuse. — Blanchard velouté

Graminée. Plante vivace et demi-hâtive,

très vigoureuse et formant de grosses touffes, isolées. Les feuilles et les tiges blanchâtres et un peu laineuses sèchent vite sur pied. Le *foin* est de qualité secondaire, devenant souvent poudreux. La Houque laineuse se plaît dans ler terrains humides et tourbeux ; à recommander pour pâture.

Hauteur 50 à 70 centimètres ; *floraison* en juin-septembre.

On en sème 20 kilos à l'hectare.

Lotier corniculé. — Lotus corniculatus

Synonyme : Trèfle cornu.

Légumineuse. Plante vivace venant bien dans tous les terrains non humides, et résistant aussi bien aux grandes sécheresses qu'aux grands froids. *Foin* fin, très nutritif et recherché par tous les animaux, surtout par les moutons. Le seul défaut de cette plante est d'être très chère, en raison de la difficulté qu'on éprouve à en récolter la graine, ce qui fait qu'on la remplace presque toujours par la suivante.

Hauteur 20 à 40 centimètres : *floraison* de mai à octobre.

On en sème de 8 à 10 kilos par hectare.

Lotier velu. — Lotus villosus

Synonyme : Lotus major.

Légumineuse. Plante vivace que l'on emploie de préférence au *Lotier corniculé*, en raison de son prix moins élevé. Son *foin* a les mêmes qualités, sauf qu'il est un peu plus gros. Elle exige un sol plus frais.

Hauteur de 20 à 40 centimètres ; *floraison* de mai à octobre.

On en sème 10 kilos par hectare.

Luzerne de Provence.—Medicago sativa

Légumineuse. Plante vivace à longues racines pivotantes, donnant un produit considérable dans les bons terrains et résistant bien à la sécheresse. Son *foin* est excellent et recherché par tous les animaux, soit en vert, soit en sec. On l'emploie généralement seule et, en outre de tous ses avantages, elle est encore bien à recommander pour garnir les talus.

Sous le nom de *Luzerne du Poitou*, il est souvent vendu une variété de la précédente qui, a tous égards, ne la vaut pas. Les plantes en sont bien moins vigoureuses et le produit bien moins important. Son seul avantage est d'être d'un prix moins élevé.

La Luzerne est souvent attaquée par un parasite qui lui cause un tort énorme : *la Cuscute*. Plusieurs causes peuvent l'introduire dans les cultures, mais, le plus généralement, ses graines se trouvent mêlées à celles de la Luzerne ; on ne saurait trop y prendre garde. Des machines spéciales (les décuscuteurs) ont été inventées pour les en débarrasser, et tout marchand sérieux doit se faire un devoir de ne pas vendre de graines de Luzerne qui n'aient été soumises à leur action énergique ; mais cette pratique entraînant une dépense supplémentaire, beaucoup malheureusement préfèrent l'éviter.

Hauteur 40 à 60 centimètres ; *floraison* de juin à octobre.

On en sème 25 kilos par hectare.

Luzerne lupuline. — Medicago lupulina

Synonyme : Minette. — Mignonnette. —
Trèfle jaune

Légumineuse. Plante annuelle et bisannuelle hâtive, excellente pour former les pâturages et les prairies temporaires en raison de
la rapidité de sa croissance, venant bien dans
les sols secs et arides. Le *foin* est de bonne
qualité.

Hauteur 20 à 40 centimètres ; *floraison* de
mai à octobre.

On en sème 20 kilos à l'hectare.

Pâturin commun. — Poa trivialis

Synonyme : Poa scabro

Graminée. Plante vivace venant bien dans
les sols un peu frais, dans les terrains secs elle
disparaît : hâtive. Le *Pâturin commun* ne se
distingue du *Pâturin des prés* que par des
car ctères botaniques, il serait aussi moins
résistant aux sécheresses et aux grands froids
Le *foin* qu'il donne est fin et excellent, il doi
être fauché de bonne heure.

Hauteur 50 à 70 centimètres ; *floraison* en mai-juillet.

On en sème 20 kilos à l'hectare.

Pâturin des bois. — Poa nemoralis

Synonyme : Poa angustifolia

Graminée. Plante vivace et hâtive venant bien dans tous les terrains, même dans ceux bien ombragés ; elle ne gazonne pas et produit assez abondamment. Le *foin* qu'elle donne est fin et d'excellente qualité, à la condition toutefois qu'il soit fauché avant la floraison. On en fait un grand usage dans tous les mélanges, qu'ils soient destinés à la production ou à l'agrément.

Hauteur 40 à 60 centimètres ; *floraison* en mai-septembre.

On en sème 30 kilos à l'hectare.

Pâturin des prés. — Poa pratensis

Graminée. Plante vivace et hâtive, végétant de très bonne heure au printemps. Elle vient bien dans tous les terrains et résiste parfaitement à la sécheresse ; elle préfère cependant les terrains fertiles et arrosés ; elle croît aussi bien à mi-ombre. Le *foin* qu'elle donne est fin, d'excellente qualité et sèche promptement. En un mot, c'est une des plantes les plus à recommander pour les prairies, les pâturages et les gazons d'agrément.

Hauteur 50 à 70 centimètres ; *floraison* en mai-août.

On la sème à raison de 20 kilos par hectare.

Pimprenelle grande. — Poterium sanguisorba

Synonyme : Pimprenelle à fruit muriqué

Rosacée. Plante vivace, extrêmement rusti- que et végétant tardivement à l'automne. Elle est excellente en vert et résiste absolùment à la sécheresse et au froid. Le *foin* qu'elle donne est dur et d'assez mauvaise qualité, parce qu'il perd ses feuilles pendant le fanage ; il faut avoir soin de le faucher avant que les fleurs soient épanouies. On emploie cette plante dans les terrains secs, calcaires et arides.

Hauteur 30 à 50 centimètres ; *floraison* en mai-août.

On en sème 40 kilos à l'hectare.

Ray-grass anglais. — Lollum perenne

Synonymes : Ivraie vivace. — Gazon anglais. —
Ray-grass d'Ecosse

Graminée. Plante vivace, mais qui disparaît assez promptement dans les terrains secs ; elle résiste parfaitement aux irrigations et repousse aussitôt qu'elle a été fauchée ou pâturée. Hâtive. Le *foin* qu'elle donne est très abondant et de bonne qualité, pourvu qu'il soit coupé avant l'achèvement de la floraison. On ne fait pas de mélange dans lequel il n'entre en bonne proportion, mais on l'emploie surtout pour former de beaux gazons toujours verts

Le *Ray-gras anglais* a d'autant plus de valeur que sa graine est plus lourde, c'est ce qui explique cette notable différence de prix que l'on observe dans les catalogues. La qualité tout à fait supérieure a reçu le nom de *Ray-grass de Pacey* ; on l'emploie exclusivement pour former des pelouses ou gazons d'agrément ; elle produit des plantes à tiges fines et courtes.

Hauteur 40 à 50 centimètres ; *floraison* en juin-octobre.

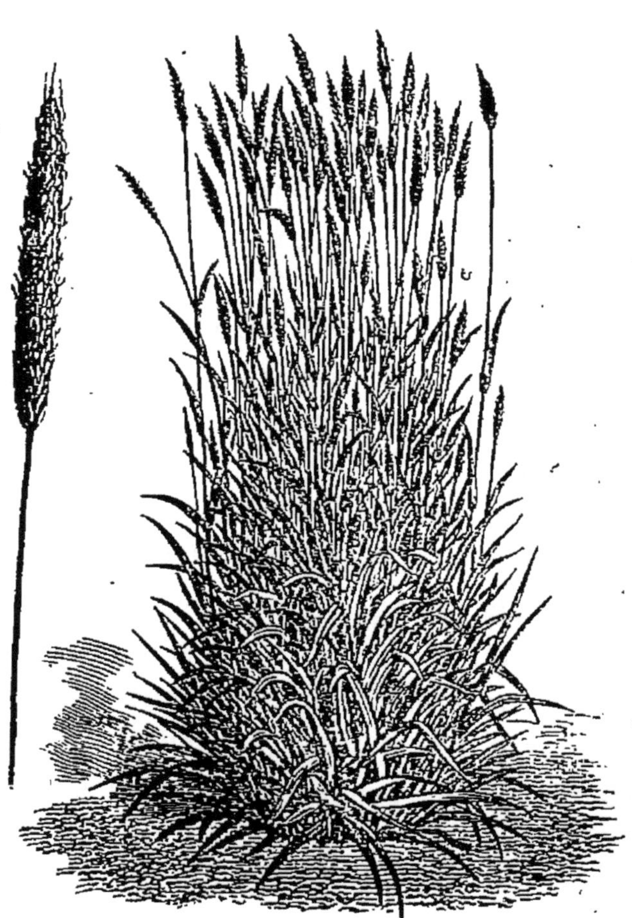

Vulpin des prés.

On en sème de 80 à 90 kilogs par hectare pour prairie, et de 150 à 200 kilos par hectare pour pelouse.

Ray-gras d'Italie. — Lolium Italicum
Synonyme : Ivraie d'Italie

Graminée. Plante vivace, mais plus sûrement bisannuelle, moins rustique que le *Ray-gras anglais*, exigeant un sol plus frais et de meilleure qualité. Sa végétation est cependant plus hâtive et plus vigoureuse. Son *foin* est excellent et abondant. En raison de son peu de durée, on l'emploie surtout dans les prairies temporaires.

Hauteur 40 à 50 centimètres; *floraison* en juin-octobre.

On en sème de 60 à 70 kilos par hectare.

Sainfoin. — Hedysarum onobrychis
Synonyme : Esparcette. — Bourgogne

Légumineuse. Plante vivace hâtive, très rustique, beaucoup employée dans les terres crayeuses, calcaires et sèches. Son *foin* est bon et abondant ; on le fane aisément.

Sous le nom de *Sainfoin à deux coupes*, quelques maisons en vendent une autre variété que l'on dit plus vigoureuse que la précédente; mais, par contre, cette variété demande un sol plus riche et plus profond, et son produit supplémentaire ne justifie pas la différence du prix d'achat, d'autant plus encore qu'il faut davantage de graines pour ensemencer un hectare.

Hauteur 30 à 40 centimètres; *floraison* en mai-juillet.

On en sème 150 kilos par hectare.

Trèfle blanc. — Trifolium repens

Synonymes : Trèfle nain. — Trèfle rampant. — Petit trèfle de Hollande. — Triolet

Légumineuse. Plante vivace, très traçante, très rustique, résistant parfaitement à la séche-resse et venant bien dans tous les sols, excepté dans ceux exposés à une humidité continue : elle possède en outre l'avantage de bien tapisser le sol. Son *foin* est de première qualité. On doit faire entrer le *Trèfle blanc* dans toutes les compositions pour prairies.

Hauteur 10 à 30 centimètres ; *floraison* en mai-octobre.

On en sème 10 à 12 kilos par hectare.

Trèfle hybride. — Trifolium hybridum

Synonyme : Trèfle d'Alsike

Légumineuse. Plante vivace, venant très bien dans les sols froids, les terres médiocres et humides où les autres variétés ne réussiraient pas.

Son *foin* est abondant et de bonne qualité.

Hauteur 20 à 60 centimètres ; *floraison* en juin-septembre.

On en sème de 10 à 12 kilos par hectare.

Trèfle violet. — Trifolium pratense

Synonymes : Trèfle commun. — Trèfle ordinaire

Légumineuse. Plante vivace se plaisant bien dans les sols fertiles et non humides, et repoussant très bien sous la dent du bétail. Son *foin* est très abondant et de bonne qualité. On l'emploie beaucoup pour la formation des prairies temporaires.

Hauteur 20 à 40 centimètres ; *floraison* en mai-septembre.

On en sème 20 kilos par hectare.

Vulpin des prés—Alopecurus pratensis

Synonyme : Queue de chat

Graminée. Plante vivace et très précoce venant bien dans tous les sols, pourvu qu'ils ne soient pas trop secs, repoussant très facilement après avoir été fauchée ou pâturée. Son *foin* est abondant, un peu gros, mais de première qualité et riche en matières nutritives.

On ne manque jamais d'employer le *Vulpin des prés* dans toutes les compositions pour prairies permanentes ou temporaires.

Hauteur 80 centimètres à 1 mètre ; *floraison* en mai juin.

On en sème 25 kilos par hectare.

1. — Plantes que l'on peut employer dans un terrain argileux (terre forte)

Agrostis traçante. — Avoine élevée. —Brôme doux. — Crételle des prés.—Dactyle pelotonné. —Fétuque des prés. — Fétuque durette.—Fétuque élevée. — Fétuque hétérophylle. —Fétuque rouge.—Fléole des prés. — Flouve odorante.— Lotier corniculé. — Lotier velu. — Lupuline ou Minette.—Pâturin annuel.— Pâturin commun. — Pâturin des prés. — Pimprenelle. — Ray-grass anglais. — Ray-grass d'Italie. — Trèfle blanc. — Trèfle hybride. — Trèfle violet.

2. — Dans un terrain siliceux ou granitique (terre légère)

Agrostis vulgaire.—Avoine élevée. — Avoine jaunâtre.—Brôme des prés. — Canche flexueuse. — Crételle des prés. — Dactyle pelotonné.— Fétuque durette. — Fétuque hétérophylle. — Fétuque ovine. — Fléole des prés.— Flouve odorante. — Houque laineuse. — Lotier corniculé.—Lupuline ou Minette.—Pâturin annuel. — Pâturin des bois. — Pâturin des prés. — Pimprenelle. — Ray-grass anglais. —Sainfoin

ou Esparcette .—Trèfle blanc. — Trèfle violet.
— Vulpin des prés.

3. — Dans un terrain humide

Agrostis traçante. — Agrostis vulgaire. — Crételle des prés. —Dactyle pelotonné.—Fétuque des prés. — Fétuque élevée. — Fétuque rouge. — Fléole des prés. — Flouve odorante. —Houque laineuse. —Lotier velu. —Lupuline ou Minette. — Pâturin commun. — Pâturin des bois. — Ray-grass anglais. — Ray-grass d'Italie.—Trèfle hybride. — Vulpin des prés.

4. — Dans un terrain ombragé

Agrostis vulgaire. — Brôme des prés. — Canche flexueuse. — Canche élevée. — Dactyle pelotonné. — Fétuque hétérophylle. — Fétuque rouge. — Flouve odorante. — Lotier velu. — Pâturin commun. — Pâturin des bois. — Pâturin des prés. — Ray-grass anglais.

5. — Plantes à végétation rapide pour prairies temporaires

Avoine élevée. — Brôme des prés. — Dactyle pelotonné. — Fétuque élevée. — Fétuque des prés. — Fléole des prés. — Houque laineuse. — Lupuline ou Minette. — Ray-grass anglais. — Ray-grass d'Italie. — Vulpin des prés. — Trèfle blanc. — Trèfle hybride. —Trèfle violet.

6 — Pour pelouses ou gazon d'agrément

Agrostis traçante. — Agrostis vulgaire. — Brôme des prés. — Crételle des prés. — Fétuque durette. — Fétuque hétérophylle. — Fétuque rouge. — Fléole des prés. — Flouve odorante. — Pâturin commun. — Pâturin des bois. — Pâturin des prés. — Ray-grass anglais. — Trèfle blanc.

7. — Pour pâturage pouvant convenir aussi à un mauvais sol, sec ou en pente

Avoine élevée. — Avoine jaunâtre. — Crételle des prés. — Dactyle pelotonné. — Fétuque des prés. — Fétuque durette. — Fétuque ovine. — Fétuque rouge. — Flouve odorante. — Houque laineuse. — Lotier corniculé. Lotier velu. — Lupuline ou Minette. — Pâturin des prés. — Pâturin des bois. — Ray-grass anglais. — Sainfoin ou Esparcette. — Trèfle blanc. — Trèfle hybride.

RÉSUMÉ DE L'OUVRAGE
Par RIVOIRE

PRAIRIES ET PELOUSES
Père et Fils

NOM DES PLANTES	DURÉE	FLORAISON	VÉGÉTATION	PRODUCTION	QUALITÉ du fourrage	NATURE du sol	Quantité à semer par hectare	HAUTEUR de la PLANTE (centimètr.)
Agrostis traçante	vivace	juillet	tardive	moyenne	bon	humide	10 k	30 à 40
— vulgaire ou commune	vivace	juillet-août	tardive	moyenne	bon	frais	10	10 à 40
Avoine élevée ou Fromental épuré	vivace	juin-juillet	hâtive	grande	bon	tous terrains	100	80 à 120
— jaunâtre	vivace	mai-juillet	hâtive	moyenne	excellent	tous terrains	40	60 à 80
Brôme des prés	vivace	mai-juin	hâtive	grande	bon	sec	60	50 à 100
— doux	annuelle	juin-juillet	hâtive	faible	médiocre	sec	65	40 à 70
Canche élevée	vivace	juin-juillet	tardive	faible	médiocre	frais	40	50 à 60
— flexueuse	vivace	mai-juillet	hâtive	faible	médiocre	sec	40	50 à 60
Crételle des prés	vivace	juin-juillet	moyenne	moyenne	excellent	tous terrains	25	50 à 70
Dactyle pelotonné	vivace	juin-septembre	hâtive	grande	excellent	tous terrains	40	80 à 100
Fétuque élevée	vivace	juin-juillet	tardive	grande	bon	frais	50	50 à 80
— des prés	vivace	juin-juillet	moyenne	grande	excellent	frais	50	50 à 80
— durette	vivace	mai-juin	hâtive	moyenne	excellent	sec	35	30 à 40
— hétérophylle	vivace	juin-juillet	moyenne	moyenne	excellent	tous terrains	35	50 à 70
— ovine	vivace	mai-juin	hâtive	faible	médiocre	sec	35	10 à 30
— rouge	vivace	mai-juin	hâtive	moyenne	excellent	tous terrains	35	30 à 50
Fléole des prés	vivace	mai-juillet	hâtive	grande	excellent	frais	13	60 à 90
Flouve odorante (vrai)	vivace	mai-juillet	hâtive	faible	excellent	sec	40	50 à 60
— — de Puel	annuelle	mai-juillet	hâtive	faible	bon	sec	40	50 à 60
Houque laineuse	vivace	juin-septembre	moyenne	moyenne	bon	humide	20	50 à 70
Lotier corniculé	vivace	mai-octobre	hâtive	faible	excellent	tous terrains	10	20 à 40
— velu	vivace	mai-octobre	moyenne	faible	excellent	tous terrains	10	20 à 40
Luzerne de Provence	vivace	juin-octobre	hâtive	grande	excellent	profond	25	40 à 60
— lupuline	bi annuelle	mai-octobre	hâtive	moyenne	excellent	sec	20	0 à 40
Pâturin commun	vivace	mai-juillet	hâtive	faible	excellent	frais	20	50 à 70
— des bois	vivace	mai-septembre	hâtive	moyenne	excellent	tous terrains	30	40 à 60
— des prés	vivace	mai-août	hâtive	grande	excellent	tous terrains	20	50 à 70
Pimprenelle grande	vivace	mai-août	moyenne	moyenne	médiocre	aride	40	30 à 50
Ray-Grass tr-fin, de Pacey	vivace	juin-octobre	hâtive	grande	excellent	arrosé	150	40 à 50
— anglais	vivace	juin-octobre	hâtive	grande	excellent	tous terrains	80	40 à 50
— d'Italie	bisannuelle	juin-octobre	hâtive	grande	excellent	frais	70	40 à 50
Sainfoin ou esparcette	vivace	mai-juillet	hâtive	moyenne	bon	sec	[illegible]	30 à 40
Trèfle blanc	vivace	mai-octobre	hâtive	faible	excellent	sec	12	10 à 30
— hybride	vivace	juin-septembre	tardive	moyenne	excellent	humide	12	20 à 50
— violet	vivace	mai-septembre	moyenne	grande	excellent	fertile	20	20 à 40
Vulpin des prés	vivace	mai-juin	hâtive	moyenne	excellent	tous terrains	25	80 à 100

www.ingramcontent.com/pod-product-compliance
Ingram Content Group UK Ltd.
Pitfield, Milton Keynes, MK11 3LW, UK
UKHW021501090726
13657UKWH00003B/1467